LIVELLO 1 • A1
500 parole

W0367932

# RADIO LINA

Alessandro De Giuli • Ciro Massimo Naddeo

Letture Italiano Facile

redazione: Chiara Sandri
progetto grafico e copertina: Lucia Cesarone
impaginazione: Gabriel de Banos
illustrazioni: Daniele Pasquetti
A cura di Alessandro De Giuli: da pagina 5 a pagina 17
e da pagina 32 a pagina 43
A cura di Ciro Massimo Naddeo: da pagina 18 a pagina 31
e da pagina 44 a pagina 62


Printed in Italy
ISBN 978-88-6182-392-1
prima stampa edizione aggiornata: luglio 2015

ALMA Edizioni
viale dei Cadorna 44
50129 Firenze
tel. +39 055 476644
fax +39 055 473531
alma@almaedizioni.it
www.almaedizioni.it

audio on line su
www.almaedizioni.it/italiano-facile

# INDICE

# PERSONAGGI

Roberta

Matteo

Annibale Venturi

Gianna Giannini

Luigi Petracci

## PRIMA PARTE – LA RADIO

# Capitolo I

traccia 1

– Questa è Radio Lina: buongiorno a tutti da Roberta, la vostra d.j.

A Firenze sono le dieci del mattino. Roberta, una ragazza di ventidue anni, comincia a lavorare. Fa la d.j. a Radio Lina.

– Vi piace questa cantante? – domanda.

Dalla radio arrivano le parole di una canzone di Gianna Giannini:

*Quale amore vuoi? Quale amore vuoi?...*

– Questa sera al teatro Verdi c'è un concerto di Gianna Giannini. – dice Roberta – Telefonate per dire la vostra opinione, oggi parliamo del rock femminile.

DRIIN-DRIIN... La prima telefonata arriva subito, Roberta risponde:

– Pronto, chi sei?
– Sono Giorgio.
– Ciao, Giorgio. Come stai?
– Bene, grazie. Posso dire una cosa sul rock femminile?
– Certo, Giorgio. Parla...
– Ecco: le cantanti rock sono molto brave. Ma...

note

cantante • chi canta. *Madonna è una cantante molto famosa.*
canzone • parole con musica. *"Yesterday" è una bella canzone dei Beatles.*

– ...ma? – chiede Roberta.
– Non hanno grinta.
– Va bene, Giorgio. Grazie per la telefonata. Adesso sentiamo cosa pensano gli altri.

*Quale amore vuoi? Quale amore vuoi?...*

DRIIN-DRIIN... C'è una nuova telefonata:

– Pronto?
– Pronto. Sono Alba.
– Ciao, Alba. Da dove chiami?
– Da Firenze. Non sono d'accordo con Giorgio: molte cantanti hanno grinta. Gianna Giannini, per esempio, canta con molta energia. La sua musica è bellissima. Per questo stasera vado al suo concerto.
– Con chi vai al concerto?
– Con due amiche.
– Tutte donne?
– Sì. Non vogliamo uomini stasera.
– Allora questo pomeriggio ascolta Radio Lina. Alle tre, Gianna Giannini viene da noi per un'intervista.

*Quale amore vuoi? Quale amore vuoi?...*

Roberta risponde ad altre telefonate. Poi c'è la pubblicità:

*Se l'inglese vuoi parlare, alla London School devi andare. London School, via dei Mille 98. Aperto dalle nove alle venti.*

▸ note

grinta • forza, energia.
intervista • domande di un/una giornalista. *Sul giornale di oggi c'è un intervista al Presidente della Repubblica.*

*Sei uno sportivo? Ti piace camminare? Allora compra Leone, le scarpe del campione!*

fai gli ESERCIZI
vai a pagina 44

## Capitolo II

traccia 2

Alle dodici e trenta Roberta va a mangiare in un piccolo ristorante in via degli Alfani. Come sempre, a quest'ora c'è molta gente. Un ragazzo con i capelli neri è seduto ad un tavolo vicino alla finestra. È solo, il posto di fronte a lui è libero.

– Posso sedere qui? – domanda Roberta.
– Prego – risponde il ragazzo.

È alto, con gli occhi grandi e neri. Roberta invece ha i capelli biondi e gli occhi verdi.

– Mi chiamo Matteo, – dice il ragazzo – e tu?
– Roberta.
– Sei di Firenze?
– Sì.
– Io invece sono del sud, vengo da Foggia. Lavoro in un negozio di musica.
– E ti piace?
– Sì, ma lavoro troppo.

**note**

capelli 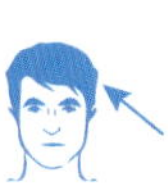

negozio • posto dove la gente va per comprare. *In via Cavour c'è un negozio di scarpe.*

– Non capisco: vendi dischi, parli di musica tutto il giorno... cos'altro vuoi?
– Voglio più tempo libero. Devo restare in negozio nove ore al giorno dal lunedì al sabato... Tu cosa fai?
– Sono una d.j. Lavoro in una radio.
– Fantastico! Allora conosci tutti i cantanti...
– Sì. Oggi, per esempio, devo fare un'intervista a Gianna Giannini.

Arriva il cameriere:

– Cosa prende signorina?
– Un piatto di spaghetti e un'insalata.
– E da bere?
– Una bottiglia d'acqua.
– Naturale o gassata?
– Naturale, grazie.
– Va bene, torno subito con gli spaghetti – dice il cameriere.
– Allora stasera vai al concerto? – chiede Matteo.
– Sì, e tu?
– Anch'io, però preferisco un altro tipo di musica.
– Quale?
– La musica hip hop: conosci Neffa?
– Certo, mi piace molto.
– Guarda, questo è il suo ultimo cd. Si chiama "Aspettando il sole".

Matteo prende la sua borsa da terra, ma in quel momento il cameriere torna con gli spaghetti:

– Attento!

note ◂

cameriere • persona che serve ai tavoli in un ristorante, in una pizzeria, in un bar
*Mio fratello fa il cameriere in una pizzeria in centro.*

È troppo tardi: il piatto cade e la pasta finisce tutta sulla camicia di Matteo.

– Scusi – dice il cameriere.

Roberta comincia a ridere:

– Sono buoni gli spaghetti?
– Ridi, ridi. – dice Matteo – Ma io adesso come faccio ad andare a lavorare con questo pomodoro sulla camicia?

Matteo va in bagno a lavarsi. Quando torna è l'una e un quarto.

– Per me è tardi, – dice – devo andare a lavorare. Allora ci vediamo stasera al concerto?
– Va bene, io alle nove sono al bar di Via Verdi, davanti al teatro.

fai gli ESERCIZI
vai a pagina 46

## Capitolo III

traccia 3

Nel pomeriggio Roberta è alla radio. Sta aspettando Gianna Giannini per l'intervista. Suona il telefono.

▸ note

camicia 

ridere 

suona il telefono 

– Pronto? Sono Gianna Giannini, posso parlare con Roberta?
– Sono io. Ciao Gianna, cosa succede?
– Ho un problema. Questo pomeriggio non posso venire alla radio. La mia macchina è rotta.
– Perché non prendi un taxi?
– Adesso è troppo tardi. Sono ancora a Siena, sulla strada.
– Allora possiamo fare l'intervista stasera, dopo il concerto. Va bene?
– Va bene, ma... Puoi aspettare un momento? Qui fuori c'è un uomo. Vuole parlare con me.
– È un tuo fan?
– Credo di no. Ha un biglietto in mano. C'è scritto:

*Basta con la brutta musica! Basta con il rock! A.V.*

– A.V.? Cosa significa?
– Forse è il suo nome...
– Ma com'è quest'uomo: giovane? Vecchio?
– Non lo so. Ha un casco da motociclista in testa e non posso vedere la sua faccia. Ora sta andando via.
– Beh, il mondo è pieno di matti.
– È vero. Senti, adesso vado. Ci vediamo stasera dopo il concerto.
– Va bene. Ciao.
– "Che strano" – pensa Roberta.

fai gli ESERCIZI
vai a pagina 48

note

è rotta • non va. *Questa sera non posso guardare il film perché la mia TV è rotta.*

casco

matti • persone con problemi psicologici. *Paolo e Luigi sono matti, dormono con le scarpe.*

# Capitolo IV

traccia 4

Nello stesso momento, Matteo sta lavorando nel negozio di musica. A quest'ora c'è molta gente.

– Avete l'ultimo disco dei Ranger pog? – domanda una ragazza di quindici anni.
– I Ranger pog? – chiede Matteo – Chi sono? Non conosco questo nome...
– Danger frog – spiega un'amica.
– No, sono i Sender lost – dice un'altra.
– Chi? – domanda ancora Matteo.

Le ragazze non rispondono: sono sette ma nessuna sa veramente cosa comprare.
Nel negozio ci sono anche due ragazzi con i capelli corti e i vestiti neri. Vogliono comprare l'ultima copia di un vecchio disco di musica punk.

– È mio – dice il primo.
– No! – risponde il secondo – Questo è per me.
– Merda! Questo disco è mio.

Vicino a loro c'è un vecchio signore. Quando sente queste parole dice:

– Ora basta! Maleducati!

▸ note

maleducati • persone poco gentili, volgari. *Mario e Alfredo sono maleducati, non dicono mai grazie.*

Poi prende il disco punk e colpisce sulla testa il primo ragazzo. Una, due volte...

– Basta con questa brutta musica! – dice il vecchio signore, mentre colpisce anche il secondo ragazzo.
– Ma cosa fa? – domanda Matteo – Fermo!
– Basta, basta con questa brutta musica! – continua a ripetere il vecchio.

Tutti guardano quell'uomo con i capelli bianchi.

– Scusi, ma Lei chi è? – chiede Matteo.
– Io sono il colonnello Annibale Venturi e sono stanco di questi giovani e della loro brutta musica.
– Brutto sei tu – dice uno dei due ragazzi.

TOFF! Il vecchio colpisce ancora. Nessuno può fermare il colonnello.

– Per favore, esca dal negozio – dice Matteo.
– Io esco quando voglio.
– Devo chiamare la polizia?
– Perché? Tu chi sei?
– Io lavoro qui e non voglio problemi.
– Tu lavori qui? E vieni a lavorare con quel vestito?

Matteo guarda la sua camicia.

– È il pomodoro degli spaghetti. – dice – Oggi al ristorante...
– Va bene, va bene, ma la prossima volta stai più attento.

note ◂

colpisce (inf. colpire)

Il vecchio prende un cd di musica jazz:

– Quanto costa questo cd di Charlie Parker?
– Venti euro.
– Questa è vera musica! – dice il vecchio.

Poi paga ed esce.
Nel negozio la situazione ora è più calma, ma subito le sette ragazze cominciano di nuovo:

– Allora, c'è questo disco dei Fender wob?
– Chi?
– Wonder clock.
– Gangster old.
– Mendel off...
– "Forse devo cambiare lavoro" – pensa Matteo.

fai gli ESERCIZI
vai a pagina 50

## Capitolo V

traccia 5

Il teatro Verdi è pieno di gente. Sono le nove e mezza di sera e tutti aspettano l'arrivo di Gianna Giannini.
Ci sono anche Roberta e Matteo. Il ragazzo sta raccontando la sua avventura con il colonnello Annibale Venturi e Roberta ride contenta:

– Sei simpatico... Certo questo colonnello è una persona strana. Sai chi è?
– No. Qualche volta viene in negozio a comprare dischi di jazz.

Un mio amico dice che è un vecchio musicista.
– Interessante...
– Interessante ma matto.
– Perché matto?
– Non so. Il mio amico dice che ha problemi psicologici. Ma ora non parliamo più di questo. Guarda, sta iniziando il concerto.

Tutto è pronto. Gianna Giannini sale sul palco e saluta la gente. Poi dice:

– Ho una brutta notizia: qualcuno non ama la mia musica e vuole la mia morte. Quest'uomo si chiama A.V. Io ho paura, per questo stasera non canto.

Tutti gridano, c'è molta confusione. Gianna Giannini va via.

– Ancora questo A.V., – dice Roberta – lo stesso uomo di oggi.
– Chi è A.V.? – domanda Matteo.

Roberta racconta la sua telefonata con Gianna Giannini. Parla dell'uomo con il casco da motociclista e del suo biglietto.

– Capisco, – dice Matteo – ed ora cosa facciamo? Il concerto non c'è più e sono solo le nove e mezza.

note ◂

palco • la parte del teatro dove stanno gli artisti.
gridano (inf. gridare) • parlano a voce molto alta. *Molte persone quando sono nervose gridano.*

In quel momento succede una cosa molto strana: dall'alto del teatro cadono molti biglietti. Sopra ci sono queste parole:

> Basta con la brutta musica!
> Basta con il rock!
> Se Gianna Giannini non vuole morire, non deve più cantare.
> A.V.

fai gli ESERCIZI
vai a pagina 52

## Capitolo VI

traccia 6

Dieci minuti dopo Matteo e Roberta sono al bar di fronte al teatro.

– Cosa prendi? – domanda Matteo.
– Una coca cola. E tu?
– Io ho bisogno di un caffè.
– A quest'ora il caffè fa male. – dice un vecchio signore – Voi giovani non capite niente della vita.
– Come? – chiede Matteo.

Il vecchio non risponde ed esce dal bar.

– Ma è matto? – domanda Roberta.
– Sì. – dice Matteo – Quello è il colonnello Annibale Venturi!
– E cosa fa qui?
– Non lo so, forse viene anche lui dal teatro. Però non capisco, lui non ama la musica rock.
– Io invece capisco tutto. Guarda il biglietto di A.V.

Matteo legge di nuovo:

– "*Basta con la brutta musica! Basta con il rock!...*" Che cosa vuoi dire?
– Guarda la firma: A.V., come Annibale Venturi.
– Allora, secondo te, il colonnello e A.V. sono la stessa persona?
– Sì.

Matteo beve il suo caffè. Resta qualche secondo in silenzio e poi dice:

– No, non può essere.
– Perché?
– Perché una persona sola non può stare in due posti nello stesso momento: sulla strada di Siena con Gianna Giannini e a Firenze nel negozio di musica.
– Forse sono una banda di matti. – dice Roberta – Comunque io adesso voglio tornare in teatro per vedere Gianna e fare l'intervista.
– Stasera c'è troppa confusione. Non è un buon momento per l'intervista.
– È vero. Allora sai cosa faccio? Domani vado a Siena a casa di Gianna, così io e lei possiamo parlare con calma.
– Se vuoi vengo con te: posso chiedere un giorno libero in negozio.
– Fantastico! Viaggiare con un uomo è sempre più sicuro per una signora – dice Roberta con un sorriso.

fai gli ESERCIZI
vai a pagina 53

note

firma • il nome e cognome di una persona alla fine di una lettera, di un documento. *Sul mio passaporto ci sono la mia foto e la mia firma.*

sorriso

SECONDA PARTE – IL COLONNELLO

# Capitolo I

traccia 7

La mattina dopo, alla stazione di Firenze, Matteo sta comprando i biglietti del treno:

– Due per Siena. Andata e ritorno.
– Perché due? – domanda l'impiegato – Lei è solo!
– Perché fra poco arriva una mia amica...
– È sicuro? Il treno per Siena parte tra cinque minuti. Forse la sua amica non viene.
– Mi dia due biglietti. – dice Matteo – Sono sicuro che Roberta arriva tra poco.
– Ah, si chiama Roberta. Anch'io ho un'amica con questo nome e non viene mai agli appuntamenti... Lei è giovane e ancora non conosce bene le Roberte.
– Forse, – risponde Matteo – ma adesso mi dia i due biglietti.
– E poi, se la ragazza non viene, cosa facciamo? Lei torna qui e chiede il rimborso. Vero?
– Penso di sì...
– E io devo perdere venti minuti per fare il 201/b.
– Cosa?
– Il 201/b. Il foglio per il rimborso. Fate tutti così: comprate due biglietti e dite che siete con una ragazza. Poi tornate tristi e soli

▸ note

impiegato • chi lavora in un ufficio. *Io faccio l'impiegato, lavoro in banca.*
chiede il rimborso • chiede i soldi indietro. *Il treno non parte e Mario chiede il rimborso del biglietto.*

a chiedere il 201/b e io devo lavorare per voi.

Matteo non capisce ma l'impiegato continua a parlare:

– Però una soluzione c'è: io faccio due biglietti per Campo di Marte, così Lei paga solo 2 euro e poi non viene a chiedere il 201/b. Va bene?
– No, – dice Matteo – io voglio due biglietti per Siena.
– E perché va a Siena? Lei abita là?
– No.
– E allora, perché vuole due biglietti per Siena?
– Per favore...
– Prima deve dire perché va a Siena.
– Va bene: vado a Siena con Roberta per incontrare Gianna Giannini.
– La cantante?
– Sì.
– Non è vero. Una cantante famosa sicuramente non vuole parlare con Lei.
– Ma Roberta deve fare un'intervista.
– Ah, questa Roberta è una giornalista?
– No, è una d.j.
– Non c'è molta differenza. E poi, da quanto tempo conosce Roberta?
– Da ieri...
– Ed è già innamorato?
– Ma cosa dice?
– Io capisco subito queste cose. Molti giovani quando sono innamorati vengono da me a comprare due biglietti. Ma poi

note◂

innamorato • chi ama qualcuno. *Romeo è innamorato di Giulietta.*

l'amore finisce e loro tornano qui per il 201/b.

In quel momento arriva Roberta:

– Ciao Matteo, scusa: sono in ritardo. Stai facendo i biglietti?
– Sì, se questo signore vuole...
– Questa è Roberta? – domanda l'impiegato.
– Sì. E adesso mi dà i biglietti?
– Certo, certo. – risponde l'impiegato mentre guarda Roberta – Lei è fortunata signorina, questo è un bravo ragazzo. Non è qui solo per il 201/b.
– Ma cosa dice? – chiede Roberta
– È matto – spiega Matteo.
– È incredibile – dice Roberta con un sorriso – quando sono con te incontro sempre dei matti.

fai gli ESERCIZI
vai a pagina 54

## Capitolo II

traccia 8

Gianna Giannini abita vicino a Siena, nella verde campagna toscana. In questo posto bellissimo, lontano dalla città e dal traffico, c'è molto silenzio.

▸ note

sono in ritardo • arrivo tardi. *La lezione comincia alle 9, ora sono le 9,30 e io sono in ritardo.*
fortunata • chi ha fortuna. *Tu sei una persona fortunata, hai una bella casa, un bel lavoro e molti soldi.*
campagna • zona fuori dalla città. *Abito in campagna perché amo la natura.*

– Allora, vi piace? – domanda Gianna.

La cantante è nel giardino della sua casa con Matteo e Roberta. Davanti a loro ci sono le dolci colline toscane.

– È bellissimo. – dice Roberta – Sei fortunata ad abitare qui.
– È vero. In un posto come questo posso pensare solo alla mia musica. Venite a vedere... Là ci sono gli animali.

Matteo e Roberta visitano tutta la casa. Ancora nessuno parla del concerto al teatro Verdi e del misterioso A.V.

– Volete un caffè? – chiede la cantante.
– Grazie, ma... aspetti qualcuno?
– No, perché?
– Sta arrivando una macchina.

Una Mercedes rossa sta entrando nel giardino. Dentro c'è un uomo con un vestito bianco e una camicia nera. È Luigi Petracci, il manager della cantante.

– Ciao Gianna, – dice nervoso – posso parlare con te?
– Certo, però devi aspettare un po'. Io adesso devo fare un'intervista.
– Senti Gianna: se non fai i concerti, noi perdiamo molti soldi – continua Petracci.
– Capisco, ma cosa posso fare? Io ho paura, molta paura. L'uomo di ieri è un pericolo.
– Chi? A.V.?!

▸ note

colline • piccole montagne.

pericolo

– Sì. Lui.
– Forse noi conosciamo A.V. – dice Matteo.
– Ah, sì? E chi è?
– Annibale Venturi, un vecchio colonnello.
– A.V. è un'invenzione della vostra fantasia – risponde Petracci.
– Non è vero. A.V. è un uomo grande e grosso. – dice Gianna – E sicuramente è molto pericoloso. Dice che...
– ...se canti muori.
– Sì, è terribile.
– Senti – dice Petracci – chiediamo alla polizia di venire ai tuoi concerti.
– ...e qui? Io vivo sola in questa casa: A.V. può arrivare di notte...
– Mettiamo un poliziotto anche qui.

A Roberta questi discorsi non interessano:

– Scusate, io e Matteo andiamo a vedere la campagna qui intorno. Possiamo fare l'intervista più tardi. Va bene, Gianna?
– Va bene. A dopo allora.

Quando Matteo e Roberta tornano, un'ora dopo, Gianna Giannini e Luigi Petracci stanno ancora parlando. I loro discorsi sono sempre gli stessi: A.V., i concerti, i soldi...

– Allora, facciamo quest'intervista? – domanda Roberta.
– Va bene.
– Io vado via. – dice Petracci – Non ho tempo, devo tornare in città.

note ◂

discorsi • discussioni, parole. *Non capisco cosa vuoi dire, i tuoi discorsi sono troppo difficili per me.*

Il manager sale in macchina. Prima di partire parla un'ultima volta:

– Cerca di capire, Gianna. Se non fai i concerti, io e te perdiamo molti soldi.

fai gli ESERCIZI
vai a pagina 55

# Capitolo III

traccia 9

– Questa è Radio Lina. Buongiorno a tutti da Roberta, la vostra d.j.

Le dieci del giorno dopo. Come ogni mattina, Roberta comincia a lavorare.

– Oggi il tempo è brutto. Piove. Allora ascoltiamo questa canzone di Neffa.

*Oggi non c'è sole intorno a me...*

– E adesso un po' di attenzione. Come sapete, Gianna Giannini non vuole più fare concerti. In questa intervista a Radio Lina spiega perché. Ascoltate bene, sono parole importanti.

Roberta trasmette l'intervista del giorno prima alla cantante. Gianna Giannini parla del misterioso A.V. e della sua paura di

▸ note

trasmette (inf. trasmettere) • manda attraverso la radio. *Ascolto sempre Radio Lina perché trasmette bella musica.*

cantare. Alla fine, molte persone telefonano alla radio.

– Pronto? Sono Mario.
– Ciao Mario. Cosa vuoi dire?
– Ecco, non è giusto. Questo A.V. non può spaventare la gente solo perché non ama la musica.
– Sono d'accordo – dice Roberta – ma per te, A.V. è veramente pericoloso?
– Non so. Forse sì o forse è solo un matto.
– Grazie Mario.

*Oggi non c'è sole intorno a me...*

– Adesso voglio chiedere una cosa a tutti voi. – dice Roberta
– Qualcuno conosce il colonnello Annibale Venturi? Perché faccio questa domanda? Perché, forse, il colonnello sa qualcosa di A.V...

*Oggi non c'è sole intorno a me...*

– Pronto? Chi sei?
– Pronto, mi chiamo Fulvio Speranza. Posso parlare?
– Certo. Cosa vuoi dire?
– Ho un grande problema: nessuno mi ama perché sono brutto e grasso.
– Capisco Fulvio, ma con chi vuoi parlare?
– Con la dottoressa Marangon.
– Mi dispiace, questa è Radio Lina. Qui non c'è nessuna dottoressa.
– Oh, scusate... Sbaglio sempre.

note

spaventare • fare paura, terrorizzare. *Il film "Dracula" può spaventare.*

Il telefono suona ancora:

– Pronto? Chi sei?
– Preferisco non dire il mio nome – risponde un uomo.
– D'accordo, ma perché chiami?
– Io so dove abita il colonnello.
– Ah, sì? E dove?
– In via della Chiesa, 17.
– Come conosci questo indirizzo? Sei un amico del colonnello?
– Adesso non voglio parlare. Arrivederci.
– Oggi chiama gente molto strana. – dice Roberta – Ma ora sentiamo un'altra telefonata... Pronto?
– Pronto, sono Fulvio Speranza.
– Sei brutto e grasso?
– Sì.
– Nessuno ti ama?
– No.
– Allora telefona alla dottoressa Marangon! Questa è Radio Lina.

fai gli ESERCIZI
vai a pagina 56

# Capitolo IV

traccia 10

Alle nove di sera, Matteo e Roberta sono in via della Chiesa, una piccola strada nel centro di Firenze.

– È qui, – dice Matteo – ecco il 17. Guarda, c'è il suo nome: Annibale Venturi.

Roberta suona e, dopo qualche secondo, una voce risponde da dietro la porta:

– Chi è? La dottoressa Marangon?
– No, non sono la dottoressa Marangon. Mi chiamo Roberta.
– Non è vero! A quest'ora viene sempre la dottoressa. Ma io non apro!
– Oggi è la seconda volta che sento parlare della dottoressa Marangon – dice Roberta a Matteo.
– Cosa vuoi dire? Chi è questa dottoressa?
– Non lo so, ma il mondo è veramente pieno di matti. Prova a parlare tu.
– Va bene... – dice Matteo – Colonnello! Sono il ragazzo del negozio di dischi... Ricorda?
– Quello degli spaghetti?
– Sì. Possiamo parlare con Lei?
– Andate via! Non voglio parlare con nessuno.
– Vogliamo fare solo qualche domanda.
– Quali domande?
– Dobbiamo parlarLe di cose importanti, non possiamo restare qui fuori. Perché non apre?

17

I ragazzi e il colonnello continuano a discutere. Alla fine...

– E va bene, entrate.

Il colonnello apre la porta. La sua casa è piccola: una camera da letto, un bagno e la cucina.

– Allora, quali sono queste domande?
– Vogliamo sapere se Lei conosce A.V. – dice Roberta.
– Mi dispiace, io non so niente.
– Però Lei va a sentire i concerti di Gianna Giannini.
– Sì, è vero. Mi piace molto la sua musica e vado ai suoi concerti.
– E allora, come spiega i biglietti di ieri sera?

Il colonnello cambia espressione:

– Non voglio parlare di questo. Voi non potete capire, io ho molti problemi, sono vecchio... È brutto diventare vecchi...

Il colonnello comincia a piangere. Roberta e Matteo restano in silenzio, non sanno cosa fare.

– Scusate non è niente, – dice Annibale Venturi poco dopo – ho solo bisogno di bere qualcosa.

fai gli ESERCIZI
vai a pagina 57

note

discutere • parlare. *Vieni subito, dobbiamo discutere di una cosa importante.*

piangere

# Capitolo V

traccia 11

Il colonnello adesso è più calmo. Mentre parla con Roberta e Matteo, beve un bicchiere di vino.

– Lei è un musicista? – domanda la ragazza.
– Sì, ma non suono più da anni. Volete sentire le mie vecchie canzoni?
– Certo – risponde Roberta contenta.
– Il colonnello mette un vecchio disco degli anni cinquanta:

*Carina, diventi tutti i giorni più carina*
*ma in fondo resti sempre una bambina*
*che non conosce il dolce gioco dell'amor*

– Vi piace? È uno swing.
– È molto bello. Ma Lei colonnello, perché non suona più?
– I tempi cambiano. Oggi nel mondo della musica comandano i manager e io voglio essere libero. E poi ho dei problemi...
– Quali problemi? – domanda Matteo.
– I medici dell'ospedale psichiatrico dicono che non sto bene.
– Anche la dottoressa Marangon è una psichiatra?
– Sì, viene qui tutte le sere a vedere come sto. Ma adesso non voglio parlare di questo. Se volete altre informazioni, potete leggere la mia cartella clinica. È là sopra.

▸ note

carina • bella, simpatica. *Quella ragazza mi piace, è molto carina.*
medici • dottori specializzati in medicina. *In questo ospedale ci sono dei buoni medici.*
cartella clinica • dossier, documento medico.

– Grazie – dice Matteo. Poi prende la cartella e comincia a leggere.

*Annibale Venturi nasce il 7 dicembre del 1923 a Firenze. Studia pianoforte. Nel 1942 parte per la guerra in Africa. Quando torna in Italia, nel 1946, comincia a suonare con una banda di musica jazz. Nel 1951 esce il suo primo disco e in poco tempo le sue canzoni diventano molto popolari; ma il 3 giugno 1961, durante un concerto a Venezia, comincia a piangere e dice di non poter più suonare perché ha paura di morire. Nel marzo del 1963 entra per la prima volta in ospedale; dopo qualche mese torna a fare concerti, ma la sua musica non è più la stessa. La gente non compra più i suoi dischi e in pochi anni rimane senza soldi e senza lavoro. Nel 1966 entra di nuovo in ospedale...*

Quando Matteo e Roberta escono dalla casa del colonnello è molto tardi.

– Allora, cosa pensi: è lui A. V.?
– Non lo so. Ma se è lui, non è un grande pericolo. – risponde Matteo – Ora sono troppo stanco per pensare al colonnello: andiamo a dormire.

fai gli ESERCIZI
vai a pagina 59

guerra • combattimento. *La seconda guerra mondiale comincia nel 1939 e finisce nel 1945.*

## TERZA PARTE – IL TRAFFICO

# Capitolo I

traccia 12

Qualche settimana dopo, a Radio Lina.
Roberta sta leggendo le notizie:

– Anche oggi a Firenze nessuno può usare la macchina. In città c'è troppo inquinamento. Da cinque giorni possono girare solo gli autobus, i taxi e le biciclette. Domani pomeriggio, contro il traffico e l'inquinamento, l'associazione ECO organizza una grande manifestazione e invita tutti a venire.

*Quale amore vuoi? Quale amore vuoi?...*

– Ed ora una grande notizia. – continua Roberta – Finalmente, dopo tanto tempo, Gianna Giannini torna a cantare. Gianna è qui con me per una nuova intervista. Come sempre, da casa potete chiamare per fare le vostre domande.

*Quale amore vuoi? Quale amore vuoi?...*

– Allora Gianna, come stai?
– Sto bene, grazie. Sono molto contenta perché domani sera torno a cantare in pubblico.
– È un concerto un po' speciale, vero?

▸ note

inquinamento • aria sporca, contaminata; smog. *Nelle grandi città c'è molto inquinamento.*
manifestazione • protesta pubblica. *Alla manifestazione per la pace ci sono 200.000 persone.*

– Sì, canto in piazza Santa Croce dopo la manifestazione. Anch'io voglio dire no al traffico e all'inquinamento.
– Vuoi spiegare meglio?
– È molto semplice: nelle nostre città ci sono troppe macchine. A Firenze sono quasi due per famiglia, per questo c'è molto inquinamento.
– Ho capito. Ma anche tu sei nell'associazione ECO?
– Sì, certo.
– Perché non parli un po' di questa associazione?
– Siamo normali cittadini, stanchi di inquinamento e di traffico. Nelle strade vogliamo vedere i bambini giocare...
– Sì, ma cosa possiamo fare?
– Tutti devono imparare ad usare l'autobus e la bicicletta per andare a scuola o al lavoro.
– Capisco, l'associazione ECO vuole una città senza macchine per tutto l'anno.
– Esatto! E per questo, domani pomeriggio, facciamo una grande manifestazione da piazza Santo Spirito a piazza Santa Croce.
– E in piazza Santa Croce c'è il tuo concerto, vero?
– Sì. Una grande festa con tanta musica.
– Voglio ricordare che da un mese tu non canti perché A.V. vuole la tua morte. Non hai paura?
– Sì, ma un artista, quando ci sono problemi importanti come questo, deve dare il suo aiuto. Anche Luigi Petracci, il mio manager, è d'accordo.
– È molto bello quello che dici. E adesso sentiamo cosa pensa la gente. Tutti possono telefonare al nostro numero: il 288630. Prima però c'è un po' di pubblicità.

*Mangi tanto, paghi poco. Vai da Dante, in via del Fico. Dante: il tuo ristorante!*

*Sei uno sportivo? Ti piace camminare? Allora compra Leone, le scarpe del campione!*

fai gli ESERCIZI
vai a pagina 60

# Capitolo II

traccia 13

– *Oggi c'è il sole su tutta l'Italia, il mare è calmo. La temperatura a Firenze è di 20 gradi.*

Radio Lina sta finendo di dare le informazioni sul tempo: sono le cinque e la città è pronta per la grande manifestazione.

– Signore e signori buonasera da Roberta. Come sapete, dopo una settimana senza macchine, oggi la gente è in piazza per dire no all'inquinamento e al traffico. Per Radio Lina, alla manifestazione, c'è Matteo Raspini. Pronto Matteo?
– Sì, Roberta. Sento benissimo.
– Bene. Dove sei in questo momento?
– Sono in piazza Santo Spirito. La manifestazione sta partendo adesso. La piazza è pienissima. Forse diecimila, forse ventimila persone.
– Senti Matteo, vuoi provare a fare un'intervista?
– Certo, posso parlare subito con questa ragazza... Ciao, come ti chiami?
– Mi chiamo Eleonora.

– Quanti anni hai, Eleonora?
– Diciotto.
– Perché sei qui?
– Non ci sono solo io, c'è tutta la mia famiglia, anche mia nonna di settantaquattro anni. Sai, noi abitiamo in via dei Serragli. Dobbiamo tenere le finestre chiuse anche d'estate perché c'è troppo rumore... Non possiamo continuare in questo modo.
– Grazie. Ora sentiamo questa signora... Buonasera. Anche Lei è qui per dire no alle macchine in città?
– Mi dispiace, io non parlare bene italiano. Io americana. But all this is fantastic!

Matteo continua:

– In questo momento stanno passando gli studenti dell'Università di architettura. Poi vedo molti ragazzi delle scuole...

Due ore dopo la manifestazione arriva in piazza Santa Croce.

– Ora stiamo entrando nella grande piazza. – dice Matteo – Come sapete, alle otto e mezza qui c'è il concerto di Gianna Giannini.
– Scusa Matteo, sono Roberta. C'è una telefonata alla radio...
– A dopo allora.

Roberta risponde:

– Pronto?

note

rumore 

– Pronto. Se Gianna Giannini non vuole morire, stasera non deve fare il concerto. Io sono A.V.

fai gli ESERCIZI
vai a pagina 61

## Capitolo III

traccia 14

Sono le otto e mezza. In piazza Santa Croce più di ventimila persone aspettano l'inizio del concerto di Gianna Giannini. Anche Matteo e Roberta sono nella piazza.

– Come stai? – domanda lei.
– Bene, grazie. Non è facile fare una radiocronaca per tante ore. Però adesso sono contento.
– Sai, – dice Roberta con un sorriso – la tua voce alla radio è molto bella.
– Vuoi dire che quando non parlo alla radio ho una brutta voce?
– Stupido... Vieni, andiamo vicino al palco, fra poco comincia il concerto. Aspetto questo momento da più di un mese.

Roberta e Matteo passano tra la gente.

– Ci sono molti poliziotti – dice lui.
– Sì. Dopo l'ultima telefonata di A.V., sono qui per proteggere Gianna. Io ho un po' paura.

▸ note

radiocronaca • racconto alla radio di un fatto, reportage. *Voglio sentire la radio, alle 20,30 c'è la radiocronaca di Milan-Real Madrid.*

– Ma no! Non c'è nessun pericolo...

In quel momento arriva Gianna e saluta la gente. I musicisti cominciano a suonare. La cantante prende il microfono e... una fortissima luce bianca attraversa il suo braccio.
La musica si ferma e anche la gente nella piazza resta in silenzio. Gianna Giannini sembra morta. Intorno a lei adesso ci sono tutti i musicisti. Arriva anche Luigi Petracci, il manager della cantante, ma nessuno sa cosa fare. Alla fine due poliziotti portano Gianna dietro al palco.

– Guarda c'è il colonnello! – grida Roberta.
– Ancora, ma allora...
– ...vieni, voglio parlare subito con lui.

Il colonnello ha una borsa nera in mano e sta correndo verso il palco.

– Colonnello Venturi, cosa fa qui? – domanda Matteo.
– Non ho tempo per spiegare. – risponde il vecchio mentre continua a correre – Da trent'anni aspetto questo momento.

Roberta guarda Matteo:

– Cosa vuol dire?
– Non so. Però voglio capire perché quel vecchio è sempre presente quando succede qualcosa.

Così Matteo e Roberta seguono il colonnello e poco dopo arrivano dietro al palco.
Gianna Gianni è ancora a terra ma adesso sta meglio. Vicino a lei ci sono i poliziotti e il manager Luigi Petracci.

note

microfono 

Il colonnello apre la sua borsa e prende dei biglietti.

– Sapete cosa sono questi? – domanda.
– Sono i biglietti di A.V.! – risponde Matteo.
– Bravo! E questa è la borsa di Luigi Petracci.

Tutti guardano il manager della cantante.

– Quel vecchio è matto – dice Petracci.
– No, il matto sei tu. – risponde il colonnello – Guardate qui: questo è un contratto dell'ASSICURAZIONE SPES. Se Gianna Giannini non fa più concerti, Luigi Petracci prende tre milioni di euro.

– Voglio vedere quel contratto – dice la cantante.

Il colonnello Annibale Venturi dà il contratto a Gianna Giannini. La cantante legge e poi guarda il suo manager:

– Allora A.V. sei tu, Luigi. Questo contratto dice che se io non canto più, tu prendi i soldi dell'assicurazione.

Luigi Petracci non risponde. Per un lunghissimo minuto nessuno parla. Poi, finalmente:

– È tutto vero. Io sono A.V. Ma adesso voglio andare via. Parlo solo davanti al mio avvocato.

▸ note

contratto • accordo scritto tra due o più persone. *Oggi vado a fare il contratto per la mia nuova casa.*
ASSICURAZIONE • *I Lloyd's di Londra sono un' importante compagnia d'assicurazione.*
avvocato • uomo di legge. *Perry Mason è un famoso avvocato.*

# Capitolo IV

traccia 15

Dieci minuti dopo.

– Ma Lei, colonnello: come sa dell'assicurazione? – domanda Matteo.
– È una storia lunga.
– Sentiamo.
– Tutto comincia nel 1960 quando il giovane Luigi Petracci diventa il mio manager. Petracci a quel tempo è giovane e simpatico: sa parlare con la gente ed è molto bravo a organizzare concerti.
– E poi?
– Tutto va molto bene fino a quando, un giorno, comincio a ricevere messaggi da un misterioso "Anonimo Vendicatore".
– Come i messaggi per Gianna?
– Sì. E io, come Gianna, ho molta paura. Decido di non suonare più ma, senza musica e senza concerti, sto male, non sono felice.
– Da quel momento iniziano anche i problemi psicologici, vero?
– Sì, entro ed esco dall'ospedale molte volte; Petracci, invece, diventa ricchissimo. Per molti anni non so più niente di lui. Poi, un mese fa, vado al concerto di Gianna Giannini. Quella sera vedo i biglietti di A.V. e comincio a pensare a quelle due lettere: A.V., come Anonimo Vendicatore. Poi leggo sul giornale che il

▸ note

vendicatore • giustiziere.
ricchissimo • molto ricco, con molti soldi. *Giulio è un uomo ricchissimo, ha 300 milioni.*

manager di Gianna Giannini si chiama Luigi Petracci e capisco che tra lui e A.V. c'è una relazione.
– E cosa fa?
– Per molti giorni seguo Petracci, ma non succede niente. Finalmente stasera, quando lui e Gianna Giannini arrivano in piazza Santa Croce per il concerto, vedo che lasciano il pullman dell'organizzazione con la porta aperta. Così entro e prendo la borsa. Dentro trovo i biglietti di A.V. e il contratto, e capisco tutto.
– Ora è tutto chiaro. – dice Roberta – A.V. non vuol dire "Annibale Venturi", ma "Anonimo Vendicatore". Con questa firma Petracci spaventa i musicisti; così, quando loro smettono di cantare, lui prende i soldi dell'assicurazione. Ma tu Gianna, come stai?
– Adesso sto meglio. – risponde la cantante. Poi va vicino al vecchio: – Grazie colonnello, grazie tante per il suo aiuto. Lei dice di essere un musicista: che musica suona?
– Faccio jazz. Vuole sentire una mia canzone?
– Adesso? Qui?
– Perché no: c'è un pianoforte, il pubblico aspetta un concerto, Lei non sta bene. Posso cantare io.

fai gli ESERCIZI
vai a pagina 62

note

smettono (inf. smettere) • finiscono, non fanno più. *In Italia gli uomini smettono di lavorare a 65 anni.*

# Capitolo V

traccia 16

Un vecchio musicista suona il piano in piazza Santa Croce.
Il pubblico è giovane ma ascolta in silenzio una canzone d'amore di molti anni fa:

*Carina, graziosa, bambina*
*come soffro!*

*Carina, diventi tutti i giorni più carina*
*ma in fondo resti sempre una bambina*
*che non conosce il dolce gioco dell'amor*

*Graziosa, nessuna donna al mondo è più graziosa*
*perché la tua boccuccia deliziosa*
*se vuole un bacio non ha il coraggio di mentir*

*Carina, allegra e spensierata sei carina*
*ma con il broncio sembri ancor più bella*
*tu sei la stella che manca in ciel*

*Perché carina, carina, carina sei tu*
*simpatica e dolce ogni giorno di più*
*e con il tuo candore*
*carina tu sei fatta per amar*

(*Carina*, di Nicola Arigliano, 1958)

FINE

▶ note

*Carina*, di Nicola Arigliano, 1958 • canzone molto famosa in Italia negli anni 50, grazie all'interpretazione swing di Fred Buscaglione, cantante, musicista e attore.

## ESERCIZI Prima parte - Capitolo I

**1 •** Scegli la frase giusta.

1. Roberta lavora
   - ☐ a. a teatro.
   - ☐ b. alla radio.
   - ☐ c. alla London School.

2. Gianna Giannini è
   - ☐ a. una d.j.
   - ☐ b. una cantante.
   - ☐ c. una giornalista.

3. Giorgio dice che le cantanti rock
   - ☐ a. non sono brave.
   - ☐ b. non hanno grinta.
   - ☐ c. hanno grinta.

4. Alba va al concerto
   - ☐ a. con un'amica.
   - ☐ b. con due amiche.
   - ☐ c. con un amico.

**2 •** Completa il testo con il presente dei verbi.

– Pronto, chi (*essere*) ____________________?
– (*Essere*) ____________________ Giorgio.
– Ciao, Giorgio, come (*stare*) ____________________?
– Bene, grazie. (*Potere*) ____________________ dire una cosa sul rock femminile?
– Certo, Giorgio.
– Ecco: le cantanti rock (*essere*) ____________________ molto brave, ma non (*avere*) ____________________ grinta.
– Va bene, Giorgio. Grazie per la telefonata. Adesso sentiamo cosa (*pensare*) ____________________ gli altri.

## 3 • Riordina il dialogo.

☐ a. – Ciao Alba. Da dove chiami?
☐ b. – Con chi vai al concerto?
☐ c. – Sì, non vogliamo uomini stasera.
☐ d. – Pronto. Sono Alba.
☐ e. – Da Firenze. Non sono d'accordo con Giorgio: molte cantanti hanno grinta. Gianna Giannini, per esempio, canta con molta energia. Per questo stasera vado al suo concerto.
☐ f. – Pronto?
☐ g. – Tutte donne?
☐ h. – Con due amiche.

# ESERCIZI Prima parte - Capitolo II

## 1 • Vero o falso?

| | V | F |
|---|---|---|
| a. Roberta ha gli occhi grandi e neri. | ☐ | ☐ |
| b. Matteo è di Firenze. | ☐ | ☐ |
| c. Matteo vende dischi in un negozio di musica. | ☐ | ☐ |
| d. Anche Matteo va al concerto. | ☐ | ☐ |
| e. Roberta vuole una bottiglia d'acqua naturale. | ☐ | ☐ |
| f. Il piatto di spaghetti cade sulla camicia di Roberta. | ☐ | ☐ |

## 2 • Completa la scheda.

| |  |  |
|---|---|---|
| Come si chiama? | Roberta | Matteo |
| Di dov'è? | | |
| Cosa fa? | | |
| Com'è? | | Alto, con gli occhi grandi e neri. |

## 3 • Completa il dialogo con i verbi.

– Mi __________________ Matteo e tu?
– Roberta.
– __________________ di Firenze?
– Sì.
– Io invece sono del sud, __________________ da Foggia.
__________________ in un negozio di musica. Tu cosa
__________________?
– __________________ una d.j., __________________ in una radio.

## 4 • Riordina il dialogo.

- ☐ a. – Naturale o gassata?
- ☐ b. – E da bere?
- ☐ c. – Un piatto di spaghetti e un'insalata.
- ☐ d. – Naturale, grazie.
- ☐ e. – Cosa prende, signorina?
- ☐ f. – Va bene, torno subito con gli spaghetti.
- ☐ g. – Una bottiglia d'acqua.

### Mangiare in compagnia

Una tradizione fiorentina, ma diffusa anche in altre zone d'Italia, è mangiare allo stesso tavolo con persone sconosciute.
Succede di solito in trattoria o in piccoli ristoranti. Non ci sono molti tavoli a disposizione e così se c'è un posto libero è normale sedersi insieme.
È un'esperienza insolita e piacevole... sicuramente da provare!

## ESERCIZI Prima parte - Capitolo III

**1 •** Scegli la frase giusta.

1. Roberta nel pomeriggio riceve una telefonata
   - ☐ a. da Gianna Giannini.
   - ☐ b. da Matteo.

2. Gianna Giannini
   - ☐ a. non va alla radio.
   - ☐ b. va a Firenze in moto.

3. La macchina di Gianna Giannini
   - ☐ a. è senza benzina.
   - ☐ b. non funziona.

4. Roberta propone a Gianna Giannini
   - ☐ a. di fare l'intervista dopo il concerto.
   - ☐ b. di non fare il concerto.

**2 •** Riordina il dialogo.

- [1] a. – Pronto? Sono Gianna Giannini. Posso parlare con Roberta?
- ☐ b. – Sono io. Ciao Gianna, cosa succede?
- ☐ c. – Perché non prendi un taxi?
- ☐ d. – Allora possiamo fare l'intervista stasera, dopo il concerto. Va bene?
- ☐ e. – Ho un problema. Questo pomeriggio non posso venire alla radio. La mia macchina è rotta.
- ☐ f. – Adesso è troppo tardi. Sono ancora a Siena sulla strada.
- ☐ g. – Va bene.

## 3 • Scegli la parola giusta.

Nel pomeriggio Roberta è alla **teatro/radio/casa**. Sta aspettando Gianna Giannini per un' **concerto/intervista/ora**. Ma la **cantante/canzone/d.j.** telefona e dice che la sua macchina è **rotta/nuova/vecchia**. Vicino a lei c'è un uomo con un **disco/vestito/casco** da motociclista. Ha un **casco/biglietto/disco** in mano: *"Basta con la **brutta/bella/vecchia** musica!".*

## 4 • Scrivi i nomi della lista sotto le immagini corrispondenti.

| | | |
|---|---|---|
| casco | macchina | motocicletta |
| strada | taxi | telefono |

a. ____________

b. ____________

c. ____________

d. ____________

e. ____________

f. ____________

# ESERCIZI Prima parte - Capitolo IV

## 1 • Vero o falso?

| | V | F |
|---|---|---|
| a. I due ragazzi con i capelli corti vogliono lo stesso disco. | ☐ | ☐ |
| b. Il vecchio signore dice che Matteo è un maleducato. | ☐ | ☐ |
| c. Il vecchio signore non ama la musica punk. | ☐ | ☐ |
| d. Il colonnello compra un cd di musica jazz. | ☐ | ☐ |

## 2 • Completa il dialogo con il presente dei verbi.

– (*Avere*) ________________ l'ultimo disco dei Ranger Pog?
– (*domandare*) ________________ una ragazza di quindici anni.
– I Ranger Pog? – (*chiedere*) ________________ Matteo
– Chi (*essere*) ________________? Non (*conoscere*) ________________ questo nome.
– Danger frog – (*spiegare*) ________________ un'amica.
– No, (*essere*) ________________ i Sender Lost – (*dire*) ________________ un'altra.
– Chi? – (*domandare*) ________________ ancora Matteo.

Le ragazze non (*rispondere*) ________________.
(*Essere*) ________________ in sette, ma nessuna (*sapere*) ________________ veramente cosa comprare.

## 3 • Completa il testo con le parole della lista.

| | | | |
|---|---|---|---|
| capelli | copia | disco | musica |
| parole | primo | ragazzi | ragazzo |
| secondo | signore | testa | vestiti |

Nel negozio ci sono anche due ________________ con i ________________ corti e i ________________ neri. Vogliono comprare l'ultima ________________ di un vecchio ________________ di musica punk.

– È mio – dice il ________________.
– No! – risponde il ________________ – Questo è per me.
– Merda! Questo disco è mio.

Vicino a loro c'è un vecchio ________________. Quando sente queste ________________ dice:

– Ora basta! Maleducati!

Poi prende il disco punk e colpisce sulla ________________ il primo ragazzo.
Una, due volte...

– Basta con questa brutta ________________! – dice il vecchio signore, mentre colpisce anche il secondo ________________.

## ESERCIZI Prima parte - Capitolo V

**1 •** Scegli la frase giusta.

1. Roberta e Matteo
   - ☐ a. vanno insieme al concerto.
   - ☐ b. non vanno insieme al concerto.

2. Matteo dice che
   - ☐ a. Roberta è simpatica.
   - ☐ b. il colonnello è matto.

3. Gianna Giannini
   - ☐ a. canta solo una canzone.
   - ☐ b. non canta.

4. Roberta racconta a Matteo
   - ☐ a. la sua telefonata con Gianna Giannini.
   - ☐ b. la sua giornata di lavoro.

**2 •** Scegli la preposizione giusta.

a. Il teatro Verdi è pieno **con/di** gente. Sono le nove e mezza **di/da** sera e tutti aspettano l'arrivo **per/di** Gianna Giannini.
Ci sono anche Roberta e Matteo. Il ragazzo sta raccontando la sua avventura **di/con** il colonnello Annibale Venturi e Roberta ride contenta.

b. Tutto è pronto. Gianna Giannini sale **sul/del** palco e saluta la gente.

c. Roberta racconta la sua telefonata **da/con** Gianna Giannini. Parla **dell'/sull'**uomo **con/per** il casco **da/a** motociclista e **nel/del** suo biglietto.

d. **In/Con** quel momento succede una cosa molto strana: **dall'/dell'**alto **del/nel** teatro cadono molti biglietti.

# ESERCIZI Prima parte - Capitolo VI

**1 •** Vero o falso?

| | V | F |
|---|---|---|
| a. Il colonnello prende un caffè. | ☐ | ☐ |
| b. Secondo Matteo, il colonnello e A. V. sono la stessa persona. | ☐ | ☐ |
| c. Roberta torna in teatro e fa l'intervista a Gianna Giannini. | ☐ | ☐ |
| d. Matteo vuole andare a Siena con Roberta. | ☐ | ☐ |

**2 •** Riordina il dialogo.

☐ a. – Se vuoi vengo con te: posso chiedere un giorno libero in negozio.

☐ b. – È vero. Allora sai cosa faccio? Domani vado a Siena a casa di Gianna, così io e lei possiamo parlare con calma.

☐ c. – Fantastico! Viaggiare con un uomo è sempre più sicuro per una signora.

☐ d. – Io adesso voglio tornare in teatro per vedere Gianna e fare l'intervista.

☐ e. – Stasera c'è troppa confusione. Non è un buon momento per l'intervista.

## Le colline senesi

La zona intorno a Siena, come molte altre in Toscana, offre un meraviglioso spettacolo con la sua unica campagna dalle tipiche colline. Non dimenticate di passeggiare tra gli alberi di ulivo o tra i filari di vite e... provare un buon bicchiere di vino!

note

ulivo • albero di olive

vite • albero di uva

# ESERCIZI Seconda parte - Capitolo I

## 1 • Vero o falso?

| | V | F |
|---|---|---|
| a. Matteo vuole andare a Firenze. | ☐ | ☐ |
| b. L'impiegato non vuole fare due biglietti perché Matteo è solo. | ☐ | ☐ |
| c. L'impiegato vuole fare il rimborso. | ☐ | ☐ |
| d. L'impiegato è un po' matto. | ☐ | ☐ |

## 2 • Trasforma il dialogo dall'informale (tu) al formale (Lei).

– Due per Siena. Andata e ritorno.
– Perché due? Tu sei solo!
– Perché fra poco arriva una mia amica.
– Sei sicuro? Il treno parte tra cinque minuti. Forse la tua amica non viene.
– Sono sicuro che Roberta arriva tra poco.
– Ah, si chiama Roberta. Anch'io ho un'amica con questo nome e non viene mai agli appuntamenti. Tu sei giovane e ancora non conosci bene le Roberte.

## ESERCIZI Seconda parte - Capitolo II

**1** • Scegli la frase giusta.

1. Gianna Giannini abita
   - ☐ a. in città.
   - ☐ b. in campagna.

2. Gianna Giannini non fa i concerti
   - ☐ a. perché ha paura.
   - ☐ b. perché il suo manager non vuole.

3. Luigi Petracci è
   - ☐ a. il manager di Gianna.
   - ☐ b. il marito di Gianna.

4. Roberta
   - ☐ a. fa l'intervista a Gianna.
   - ☐ b. non ha tempo per fare l'intervista a Gianna.

**2** • Completa il testo con il presente dei verbi.

Una mattina Matteo e Roberta (*prendere*) ________________ il treno e (*andare*) ________________ a Siena da Gianna Giannini.
La cantante (*abitare*) ________________ nella verde campagna toscana. I due ragazzi (*visitare*) ________________ tutta la casa, poi (*arrivare*) ________________ Luigi Petracci, il manager della cantante. Petracci (*essere*) ________________ molto nervoso:

– Se non (*cantare*) ________________, – (*dire*) ________________ a Gianna – io e te (*perdere*) ________________ molti soldi.

# ESERCIZI Seconda parte - Capitolo III

## 1 • Vero o falso?

| | V | F |
|---|---|---|
| a. Roberta trasmette un'intervista a Neffa. | ☐ | ☐ |
| b. Dopo l'intervista poche persone telefonano a Radio Lina. | ☐ | ☐ |
| c. Fulvio Speranza sa dove abita il colonnello. | ☐ | ☐ |
| d. L'indirizzo del colonnello è: via della Chiesa, 17. | ☐ | ☐ |

## 2 • Scegli la parola giusta.

– E **prima/adesso** un po' di attenzione. Come sapete, Gianna Giannini non vuole fare **bene/più** concerti. In **fine/questa** intervista a Radio Lina spiega perché. Ascoltate **più/bene**, sono parole importanti.

Roberta trasmette l'intervista del giorno **adesso/prima** alla cantante. Gianna Giannini parla del misterioso A. V. e della sua paura di cantare. Alla **questa/fine**, molte persone telefonano alla radio.

# ESERCIZI Seconda parte - Capitolo IV

## 1 • Scegli la frase giusta.

1. Matteo e Roberta vanno a parlare
   - ☐ a. con il colonnello.
   - ☐ b. con la dottoressa Marangon.

2. Il colonnello
   - ☐ a. non ama la musica di Gianna Giannini.
   - ☐ b. ama la musica di Gianna Giannini.

3. Il colonnello
   - ☐ a. non apre la porta.
   - ☐ b. parla con Matteo e Roberta.

4. Roberta chiede al colonnello se conosce
   - ☐ a. la dottoressa Marangon.
   - ☐ b. A.V.

## 2 • Scegli l'articolo giusto.

Sono **gli/il/le** nove di sera. Matteo e Roberta sono in via della Chiesa, **un/una/la** piccola strada nel centro di Firenze. **Un/Il/Lo** colonnello abita al numero 17. È **un/l'/un'** uomo con **i/gli/li** capelli bianchi. **Una/La/Un'** sua casa è piccola: c'è **una/la/un** camera da letto, **un/uno/l'** bagno e **l'/la/un** cucina.

### I vicoli di Firenze

Firenze è una città affascinante e ricca di monumenti famosi in tutto il mondo. Passeggiare tra i vicoli è un'emozione speciale. Non avete bisogno di una guida, ma dovete solo godervi lo spettacolo. Potete trovare piccole botteghe di orafi, di artigiani del cuoio ma anche trattorie e locali dove assaggiare i prodotti tipici.

## 3 • Completa il testo con le parole della lista.

| | | | |
|---|---|---|---|
| bene | nessuno | nome | ora |
| secondo | via | voce | |

– È qui – dice Matteo – ecco il 17. Guarda, c'è il suo __________: Annibale Venturi.

Roberta suona e dopo qualche __________ una __________ risponde:

– Chi è? La dottoressa Marangon?
– No. Non sono la dottoressa Marangon. Mi chiamo Roberta.
– Non è vero. A quest'__________ viene sempre la dottoressa. Ma io non apro!
– Prova a parlare tu – dice Roberta a Matteo.
– Va __________. Colonnello! Possiamo parlare con Lei?
– No! Andate __________! Non voglio parlare con __________!

# ESERCIZI Seconda parte - Capitolo V

## 1 • Vero o falso?

| | V | F |
|---|---|---|
| a. Annibale Venturi è un vecchio musicista. | ☐ | ☐ |
| b. Il colonnello ha problemi psichici. | ☐ | ☐ |
| c. La dottoressa Marangon è un'infermiera. | ☐ | ☐ |
| d. Roberta legge la cartella clinica del colonnello. | ☐ | ☐ |

## 2 • Scegli il verbo giusto.

Annibale Venturi **abita/nasce/muore** il 7 dicembre del 1923 a Firenze. Studia pianoforte. Nel 1942 **torna/parte/va** per la guerra e combatte in Africa. Quando **torna/parte/va** in Italia, nel 1946, **finisce/canta/comincia** a suonare con una band di musica jazz. Nel 1951 esce il suo primo disco e in poco tempo le sue canzoni **diventano/arrivano/hanno** molto popolari; ma il 3 giugno 1961, durante un concerto a Venezia, comincia a piangere e dice di non **poter/far/dover** più suonare perché **è/ha/fa** paura di morire. Nel marzo del 1963 **esce/torna/entra** per la prima volta in ospedale; dopo qualche mese **vuole/viene/torna** a fare concerti ma la sua musica non è più la stessa. La gente non **compra/vende/piace** più i suoi dischi e in pochi anni rimane senza soldi e senza lavoro. Nel 1966 **esce/arriva/entra** di nuovo in ospedale.

# ESERCIZI Terza parte - Capitolo I

## 1 • Vero o falso?

| | V | F |
|---|---|---|
| a. Da cinque giorni in città non è possibile usare gli autobus, i taxi e le biciclette. | ☐ | ☐ |
| b. Gianna Giannini vuole fare un concerto contro l'inquinamento. | ☐ | ☐ |
| c. A Firenze c'è molto inquinamento perché ci sono troppe macchine. | ☐ | ☐ |
| d. ECO è un gruppo di musicisti. | ☐ | ☐ |

## 2 • Completa il testo con il presente dei verbi.

– Ed ora una grande notizia. Finalmente, dopo tanto tempo, Gianna Giannini (*tornare*) ________________ a cantare. Gianna (*essere*) ________________ qui con me per un'intervista. Come sempre, da casa (*potere*) ________________ chiamare per fare le vostre domande.
– Allora Gianna, (*volere*) ________________ parlare di questo concerto?
– Sì, domani sera (*cantare*) ________________ in piazza Santa Croce, dopo la manifestazione. Anch'io (*volere*) ________________ dire no al traffico e all'inquinamento.
– Noi (*sapere*) ________________ che A.V. (*volere*) ________________ la tua morte: tu non (*avere*) ________________ paura?
– Sì, ma un artista, quando (*esserci*) ________________ problemi importanti, (*dovere*) ________________ dare il suo aiuto.

## ESERCIZI Terza parte - Capitolo II

### 1 • Vero o falso?

| | V | F |
|---|---|---|
| a. Roberta è alla manifestazione. | ☐ | ☐ |
| b. Matteo fa qualche intervista alla gente. | ☐ | ☐ |
| c. Il concerto di Gianna Giannini è in piazza Santo Spirito. | ☐ | ☐ |
| d. A. V. telefona a Radio Lina. | ☐ | ☐ |

### 2 • Scegli la parola giusta.

– Signore e signori buonasera da Roberta. Oggi **in/a/da** Firenze la gente è in piazza per **parlare/vuole/dire** no all'inquinamento e al traffico. Per Radio Lina, **alla/in/sulla** manifestazione c'è Matteo Raspini.
– Pronto Matteo, **dove/come/quando** sei in questo momento?
– Sono in piazza Santo Spirito.
– Vuoi provare **di/a/per** fare un'intervista?
– Certo, posso parlare subito **con/su/la** questa ragazza. Ciao, **perché/come/tu** ti chiami?
– Eleonora.

### 3 • Riordina il dialogo.

☐ a. – Ciao, come ti chiami?
☐ b. – Diciotto.
☐ c. – Non ci sono solo io, c'è tutta la mia famiglia, anche mia nonna di settantaquattro anni.
☐ d. – Perché sei qui?
☐ e. – Quanti anni hai, Eleonora?
☐ f. – Mi chiamo Eleonora.

# ESERCIZI Terza parte - Capitolo III - IV

## 1 • Vero o falso?

| | V | F |
|---|---|---|
| a. Gianna Giannini è morta. | ☐ | ☐ |
| b. Al concerto c'è anche il colonnello. | ☐ | ☐ |
| c. Nella borsa nera ci sono i biglietti di A. V. | ☐ | ☐ |
| d. La borsa nera è del colonnello. | ☐ | ☐ |
| e. A. V. e Luigi Petracci sono la stessa persona. | ☐ | ☐ |
| f. Il colonnello conosce bene Luigi Petracci. | ☐ | ☐ |
| g. Gianna Giannini non canta perché vuole prendere i soldi dell'assicurazione. | ☐ | ☐ |

## 2 • Completa le parole.

Nel 1960 Luigi Petracci diventa il manager di Annibale Venturi. Petracci a quel temp___ è giovan___ e simpatic___ ed è molto brav___ ad organizzare concert___. Un giorn___ il colonnell___ comincia a ricevere messagg___ da un misterios___ Anonimo Vendicatore. Così il musicist___ decide di non suonare più. Ma senza music___ sta male, non è felic___. Petracci, invece, diventa ricchissim___.

# SOLUZIONI ESERCIZI

## Prima parte

### Capitolo I

1• 1/b; 2/b; 3/b; 4/b • 2• è, Sono, stai, Posso, sono, hanno, pensano • 3• 1/f; 2/d; 3/a; 4/e; 5/b; 6/h; 7/g; 8/c

### Capitolo II

1• V: c, d, e; F: a, b, f

2•

| Come si chiama? | Roberta | Matteo |
|---|---|---|
| Di dov'è? | Di Firenze. | Di Foggia. |
| Cosa fa? | Fa la d. j. | Lavora in un negozio di musica |
| Com'è? | Ha i capelli biondi e gli occhi verdi. | Alto, con gli occhi grandi e neri. |

3• chiamo, Sei, vengo, Lavoro, fai, Sono, lavoro • 4• 1/e; 2/c; 3/b; 4/g; 5/a; 6/d; 7/f

### Capitolo III

1• 1/a; 2/a; 3/b; 4/a • 2• 1/a; 2/b; 3/e; 4/c; 5/f; 6/d; 7/g • 3• radio, intervista, cantante, rotta, casco, biglietto • 4• a. telefono; b. macchina; c. casco; d. taxi; e. motocicletta; f. strada

### Capitolo IV

1• V: a, c, d; F: b, • 2• Avete, domanda, chiede, sono, conosco, spiega, sono, dice, domanda, rispondono, Sono, sa

3• ragazzi, capelli, vestiti, copia, disco, primo, secondo, signore, parole, testa, musica, ragazzo

### Capitolo V

1• 1/a; 2/b; 3/b; 4/a • 2• a. di, di, di, con; b. sul; c. con, dell', con, da, del; d. In, dall', del

### Capitolo VI

1• V: d; F: a, b, c • 2• 1/d; 2/e; 3/b; 4/a; 5/c

## Seconda parte

### Capitolo I

1• V: b, d; F: a, c

2•

– Due per Siena. Andata e ritorno.
– Perché due? Lei è solo!
– Perché fra poco arriva una mia amica.
– È sicuro? Il treno parte tra cinque minuti. Forse la Sua amica non viene.
– Sono sicuro che Roberta arriva tra poco.
– Ah, si chiama Roberta. Anch'io ho un'amica con questo nome e non viene mai agli appuntamenti. Lei è giovane e ancora non conosce bene le Roberte.

# SOLUZIONI ESERCIZI

### Capitolo II

1• 1/b; 2/a; 3/a; 4/a • 2• prendono, vanno, abita, visitano, arriva, è, canti, dice, perdiamo

### Capitolo III

1• V: d; F: a, b, c • 2• adesso, più, questa, bene, prima, fine

### Capitolo IV

1• 1/a; 2/b; 3/b; 4/b • 2• le, una, Il, un, i, La, una, un, la • 3• nome, secondo, voce, ora, bene, via, nessuno

### Capitolo V

1• V: a, b; F: c, d • 2• nasce, parte, torna, comincia, diventano, poter, ha, entra, torna, compra, entra

## Terza parte

### Capitolo I

1• V: b, c; F: a, d • 2• torna, è, potete, vuoi, canto, voglio, sappiamo, vuole, hai, ci sono, deve

### Capitolo II

1• V: b, c; F: a, d • 2• a, dire, alla, dove, a, con, come • 3• 1/a; 2/f; 3/e; 4/b; 5/d; 6/c

### Capitoli III - IV

1• V: b, c, e, f; F: a, d, g • 2• temp**o**, giovan**e**, simpatic**o**, brav**o**, concert**i**, giorn**o**, colonnell**o**, messagg**i**, misterios**o**, musicist**a**, music**a**, felic**e**, ricchissim**o**